Jörg Zink

Wo das *Glück* entspringt

HERDER

FREIBURG · BASEL · WIEN

Ich wünsche dir Glück.
Was sollte ich dir Besseres wünschen?

Es ist wichtig, dass du glücklich bist.
Ein glücklicher Mensch ist schöner,
er ist freundlicher, gütiger.
Er ist einverstanden mit sich
und seinem Geschick.
Es geht mehr Frieden von ihm aus
und mehr Weisheit.
Es ist wichtig, dass wir glücklich sind.

Aber wo sind die Quellen des Glücks?
Das müsste man wissen.
Denn es ist nicht leicht,
es zu finden,
und manchmal sieht es anders aus,
als wir es uns ausmalen.
Ich wünsche dir aber, dass du es findest.

Wir sagen, das Glück „entspringe“ irgendwo.
Oder es habe seine „Quellen“.

Früher gab es die schöne Sitte,
dass am Ostermorgen noch vor Sonnenaufgang
die jungen Frauen schweigend hinausgingen aus den Dörfern
zu einer Quelle abseits in einem Tal oder im Wald,
einen Krug in der Hand.

Nach der Ostergeschichte waren zu dieser Stunde
auch die Frauen ans Grab ihres Meisters gewandert,
der ihnen, als die Sonne aufging,
lebendig erschien.

Mit unseren Kindern haben wir das noch getan:
In der Nacht standen wir auf,
die Finger auf dem Mund,
damit niemand unbedacht etwas sagte,
und wanderten wohl eine Stunde weit zu einer Quelle.
In den ersten Sonnenstrahlen
wuschen wir dort unsere Gesichter
und tranken vom kalten, frischen Wasser.
Erst dann durfte wieder gesprochen werden.
Und in einem kleinen Krug
nahmen wir es mit nach Hause,
das „Osterwasser“, das „lebendige Wasser“,
wie die Bibel sagt.

Uns war diese alte Sitte wichtig,
gerade in den Jahren nach dem großen Krieg,
als nicht nur die äußere Welt
gezeichnet war vom Tod,
sondern in vielen Menschen auch die innere Welt.

Als wir uns verlobten, meine Braut und ich,
vor inzwischen fast siebzig Jahren,
da feierten wir diesen Tag, es war Ostern,
mit dem Gang zu einer Quelle, die man
nach einer Prinzessin „Sophienbrunnen" nennt,
wörtlich also „Brunnen der Weisheit".

Wir feierten das Geheimnis,
dass da etwas Neues
quellfrisch aus der Erde kam,
rein und klar und unerschöpflich
wie die Lebenskraft und das Glück,
das uns erfüllte.

Es ist wahr: Man kann bei den Quellen,
den Bächen und Strömen, bei Regen und Tau
und Schnee in die Lehre gehen.
Bei dem Wasser, das so deutlich redet
auch von unserer eigenen Seele
und ihrer ursprünglichen Kraft.

In der Osterzeit
sind die Quellen und Bäche am lebendigsten.
All die Berge aus Schnee und Eis rinnen,
flüssig geworden,
durch die Adern der Erde,
reinigen sich im Geklüft zwischen den Steinen,
springen aus dem Waldboden,
und weil so viel Wasser nachdrängt,
ist das Plaudern und Murmeln der Quellen
so lebhaft, heiter wie ein Gelächter
oder ein munteres Gespräch unsichtbarer Geister,
die vom Leben erzählen
und von vielen neuen Anfängen überall.

„Des Menschen Seele gleicht dem Wasser",
sagt Goethe. Das ist wahr.
Aber das Wasser
redet auch von einer Lebendigkeit,
die unsere Seele nicht aus sich selbst hat,
und von einem Glück,
das sie aus einer anderen Quelle gewinnt.

Wüsten haben ihre eigene Schönheit.
Aber nur, wo sie Wasser haben, gedeiht Leben in ihnen.

Die Dichter der Bibel kannten die Wüste
und sie dankten dafür,
dass es in ihrem Land „lebendiges Wasser" gab,
Wasser aus „lebendigen Quellen".

So singen sie in den Psalmen:

> „Du besuchst das Land,
> du segnest es mit Regen.
> Reich machst du die Erde,
> von Wasser überfließend die Bäche.
> Reich machst du die Erde
> und bereitest das Korn, dein Brot."
>
> *Psalm 65*

Glück kann sein,
wo etwas wächst und gedeiht und sich mehrt,
wo Leben entsteht,
Blüte und Frucht für Leib und Seele.
Und wenn es beständig sein soll,
dann wächst zwischen den Halmen der Frucht
das erste Geschenk des Glücks:
die Dankbarkeit des Herzens.

Nichts auf der Erde wandelt seine Gestalt
so leicht wie das Wasser.
Es fällt als Regen, durchwandert die Erde,
kommt als Quelle ans Licht,
steigt auf als Nebel oder senkt sich herab als Tau.
Es wird zu Seen und Flüssen, zu Wolken über dem Land
und das Licht gibt ihm seine Farbe:
blau in der Tiefe des Teiches,
rot am Himmel über der sinkenden Sonne.

Viele sagen: Ich werde glücklich sein,
wenn ich reich bin oder gesichert,
wenn ich geliebt bin und anerkannt,
wenn ich gesund bin und mir nichts mangelt.
Und bestimmt sind dies Elemente des Glücks.

Aber wenn nicht in uns selbst etwas lebendig ist,
quillt das Glück nicht auf Dauer.
Rings um uns wandelt sich alles
und wir werden erst glücklich sein,
wenn wir uns dem Gesetz
der Wandlungen überlassen.
Niemand bleibt, wie er ist,
und nichts bleibt um uns her.
Wer aber festhalten will, was jetzt ist,
wird sein Glück verlieren.

Im Anfang schuf Gott,
so erzählt die Bibel, Himmel und Erde.
Er trennte das Wasser oben vom Wasser unten
und auf der Erde unten das Wasser vom Land.
Seitdem liegt das beharrende Land
als Küsten, Ebenen und Gebirge
vor unseren Augen, warm und fruchtbar,
Raum für lebendige Wesen
wie Mensch und Baum.
Und seitdem strömt das Wasser,
das ewig Wandlungsfähige,
den Himmel spiegelnd
in seiner durchscheinenden Bläue.

Jesus spricht einmal
von einer Quelle des lebendigen Wassers,
die in uns selbst aufbrechen müsse,
und von einer Neuschöpfung des Menschen
aus dem Wasser und dem Geist.
Denn ganz am Anfang
war nur der Geist über den Wassern
und wenn dieser Geist
zum Wandlungsfähigen in uns spricht,
zu unseren Herzen, entsteht in uns ein neues Wesen.

Zu einem Stern formt sich das Wasser
in der eisigen Wolke
und fällt als Kristall vom Himmel.
Es deckt und wärmt die Erde
oder setzt sich als Reif an die Äste.

Es schmilzt.
Es taut und rinnt wieder in die Erde
und vielleicht sind wir selbst so:
aufsteigend, fallend, im Wind treibend,
zerrinnend, erstarrt
und wieder aufgelöst.

Das Wasser sagt:
„Lass sich ändern, was sich ändern will."
Indem du dies wagst,
wächst das zweite Geschenk des Glücks in dir:
das Vertrauen.

Das Wasser spielt nicht nur
um sanfte Ufer,
manchmal schlägt es hart
auf fest gefügtes Gestein.

Das Glück gedeiht nicht nur
an blauen Sommertagen.
Eine seiner Quellen
kann auch, zuweilen,
ein Schicksalsschlag sein.

Vielleicht wächst in dir,
wo du eine Herausforderung annimmst,
das dritte Geschenk des Glücks:
die Kraft,
auf eigenen Beinen zu stehen.

Dann stürzt auch ein Wirbel
dich nicht in die Angst.
Kräfte wollen, dass Leben ist.
Es ist kein Grund da, sie zu fürchten.

Wirbel entstehen,
wo schnelle und langsame Wasser
aneinander vorbeidrängen.
So wandern die Wirbel in der Lufthülle der Erde
über Land und Meer.
Sie nehmen Luftmassen in sich auf
und schleudern sie wieder von sich.
Sie entstehen, gewinnen an Kraft und verebben
und verteilen dabei den Regen über die Erde.

Wo etwas werden soll, bilden sich Wirbel.
So wächst ein Blatt.
Langsam und schneller wachsende Schichten
verbinden sich
und das Blatt kann sich entrollen.

Und wenn es in dir selbst wirbelt,
dann messen sich vielleicht nur die Kräfte,
die dich umschaffen wollen
zu deiner eigentlichen Gestalt.

Wenn vor Tag der Tau fällt,
schmücken sich manche Blätter im Gras
wie mit silbernen Perlenketten,
als wäre es ein Spiel,
etwa die wunderbar gefalteten runden Blätter
des Frauenmäntelchens.
Und es ist schwer zu entscheiden,
ob die Perlen des Taus mehr festlichem Schmuck
ähnlich sind oder mehr einer Kette von Tränen.

Die Bibel sagt in einem ihrer
schönsten Segensworte:
„Gott gebe dir vom Tau des Himmels
und von der Fettigkeit der Erde."

Und wenn, was von oben zu dir kommt,
dir Leid bringt, Klage und Tränen,
dann möge doch die Frucht der Erde
in dir gedeihen.

Denn dieses Gesetz gilt für alles Lebendige:
dass da eine Spannung ist
und eine Nähe zugleich
zwischen fröhlicher Kraft
und der Mattigkeit der Klage.
Im Glück lernen wir es verstehen.
Und vielleicht ist dies
das vierte Geschenk des Glücks:
die Einsicht, wie nahe dem Leid dieser Erde
der Segen ist, der von oben kommt.

Ehe die Sonne über dem Meer aufgeht,
liegen Licht und Dunkelheit dicht ineinander.
Himmel und Wasser sind eins.

Es ist schön, an einem Ufer zu stehen,
ehe die Sonne aufgeht.
Aber Klarheit entsteht erst,
wenn das Obere sich vom Unteren trennt,
der Himmel vom Meer,
und wir uns selbst erkennen,
stehend am Ufer.

Ehe Licht in unsere Wünsche kommt,
können wir nicht unterscheiden zwischen dem,
was gut für uns ist, und dem, was uns schadet,
was in uns selbst gut ist und was böse und töricht,
was wahr ist in unseren Gedanken und wo wir irren.

Es ist wichtig,
darüber nachzudenken,
denn wir können,
solange wir das Glück nur wünschen,
ohne zu wissen, wie es zu uns kommt,
auch verlieren, was uns zugedacht ist.

Das Wasser gleicht einem Spiegel.
Bäume, Ufer und Berge
erscheinen noch einmal in ihm.
Und wir können daraus erkennen:
Was uns von außen widerfährt,
hat in uns ein Spiegelbild.
Nichts trifft uns von außen,
das nicht auch in uns selbst liegen würde.

Nichts trifft uns zufällig.
Nichts trifft uns nur,
weil ein anderer es will.
Alles hat seine Entsprechung in uns,
jedes Glück, das von außen kommt,
und jedes Unglück.

Denn alles hängt zusammen.
Was außen gelingen soll,
muss innen beginnen.
Und nichts gedeiht
zwischen uns und den Menschen
um uns her, was nicht unten,
in unserer eigenen Seele,
zu gedeihen begann.

Mancher sagt:
Glück kommt allein durch die Liebe.
Glücklich ist nur, wer geliebt ist.
Das ist nicht falsch.
Aber es ist nur ein Teil der Wahrheit.

Der Geliebte muss ein Liebender sein
und er muss wissen,
wie sich überall im Leben
das Gesetz der Spiegelungen wiederholt:

Man kann nicht das eigene Glück suchen
und dabei anderer Menschen Glück verletzen.
Man kann nicht die Quelle des Glücks
irgendwo draußen suchen
und sich, wo man selbst eine Quelle sein soll,
den anderen geizig zeigen.

Die Liebe wird uns so viel geben
an Leben und Glück, wie wir lieben.

Die Kraft, dies alles zusammen zu sehen,
nennt die Bibel die „Weisheit".
Weisheit ist nüchternes Wissen
um die Wege zu Leben und Glück.
Und immer wieder wird die Weisheit
geschildert als sei sie ein Wesen,
vergleichbar der Helligkeit
und Beweglichkeit des Wassers:

„In der Weisheit, der Meisterin aller Dinge,
ist ein Geist gedankenvoll, heilig,
mannigfaltig, zart beweglich,
durchdringend, rein und klar,
nicht zu hemmen,
wohltätig und menschenfreundlich,
fest, selbstgewiss und sorglos,
alles vermögend, alle Geister durchdringend,
die denkenden, die reinen und zarten."

Weisheit Salomos 7,22–23

Die Bibel meint also, ein solcher Geist
müsse in uns selbst Gestalt annehmen,
wenn in uns das Glück entspringen soll.
Wenn wir selbst empfänglich werden wollen
für das Glück, das uns von Gott zufließen will.

Auf dem tiefen, dunklen Wasser
breitet die Seerose ihre Blätter.
Aus den Wurzeln im weichen Grund
wächst sie herauf, sucht das Licht
und das Licht wirkt hinab
bis ins Wurzelwerk in der Tiefe.

Glücklich sein kann heißen:
in der Tiefe wurzeln,
das Licht suchen
und dabei gelassen ruhen
und sich tragen lassen.

Das ist wohl das fünfte Geschenk
aus der Erfahrung des Glücks:
sich verlassen können über dem Abgrund
auf die haltende Kraft dessen,
aus dessen Gedanken der Abgrund kommt
ebenso wie das Licht.
Da muss dann nicht immer etwas geschehen.
Da ist vielleicht einfach ein Ruhen
und ein gelassenes Vertrauen.

Das Wasser bildet uns unseren Weg vor:
Es fällt, der Schwerkraft folgend,
und füllt immer zuerst die tiefsten Stellen aus,
ehe es weiterfließt.
Unser Weg führt nicht in den Wolken,
sondern auf der Erde hin,
auf der Sohle ihrer Täler.

„Selig, auf die Dauer glücklich", sagt Jesus,
„sind die Barmherzigen, die Geduldigen,
die Trauernden, die Leidenden, die Verfolgten,
die fähig sind, zu leiden und mitzuleiden."

Sie allein sind frei
von der Angst
um ihr Glück.

Als Jesus begann, auf dieser Erde zu wirken,
stieg er in das Wasser des Jordan
– nach der Überlieferung an dieser Stelle –
und schuf damit ein Bild für seinen eigenen Weg:
den Weg durch alle Tiefen des Leidens.
Und als er von der Erde wegging,
setzte er die Taufe ein als Zeichen für den Weg,
den wir Menschen ihm nachgehen sollen:
hinunter durch alle Tiefen
und aus dem Wasser aufstehend ins Leben.

Aber seltsam:
Das Wasser ist Urbild alles Lebendigen
und hat doch selbst kein Leben.
Leben heißt ja: wachsen, sich fortpflanzen,
Wärme bilden, sich in Rhythmen bewegen,
seine Zeit haben und wieder vergehen.
Am Wasser aber ist nichts zu sehen
von diesen Merkmalen des Lebendigen.

Und doch wächst und gedeiht nichts
ohne das Wasser,
es bildet sich keine Gestalt
und entsteht kein lebendiger Rhythmus.
Indem das Wasser auf eigenes Leben verzichtet,
ist es die Urkraft des Lebens.

So hat das Wasser zwar keine eigene Gestalt,
aber nur mit ihm entsteht oder ändert sich
die lebendige Gestalt von Mensch oder Tier.
Wasser leistet alles dadurch,
dass es auf jede Art eigenen Bestand,
auf jedes eigene Wesen verzichtet.

Und so ist das Wasser selbst ein Hinweis
auf den, von dem gesagt worden ist,
er habe keine eigene Gestalt noch Schönheit
und sei doch der Erlöser der Menschen.
Ein Hinweis auf den, der sagt:

„Wer sein eigenes Leben will,
der wird es verlieren,
wer es hingibt, wird es gewinnen
und wird zur Quelle des Lebens werden
für andere und so auch für sich selbst.“

Und dieses Gesetz gilt nicht erst für den Glauben,
es ist ein Gesetz dieses Lebens überhaupt.

„Wer mir glaubt", sagt Jesus,
„wer mir dies abnimmt,
in dem wird mein Wort
zu einer lebendigen Quelle,
aus der ihm ewiges Leben zufließt.
Er beginnt, im Geheimnis des Lebens zu sein."

Wie das Wasser einer Landschaft Leben gibt,
kann auch der Mensch, der ihm glaubt,
Leben stiftendes Element sein
für das Leben von vielen.

Es ist wohl das sechste Geschenk,
das wir im Glück empfangen können:
die Erfahrung,
dass beständiges Glück nur findet,
wer sich selbst nicht gar so wichtig nimmt
und dabei eine Quelle des Lebens wird
für die anderen und für sich selbst.

Man braucht freilich Augen dazu, die sehen.
Als Jesus einem Blinden begegnete,
sandte er ihn hinab zu einer Quelle und sagte:
„Wasche dort deine Augen."
Der Blinde wusch seine Augen
und wurde sehend.

Das Wasser hat heilende Kraft
auf vielerlei Weise.
Vielleicht hilft es uns, in alldem,
wovon es redet, mehr zu sehen,
mehr zu schauen, mehr zu erkennen.
Vielleicht waschen wir uns auch einmal
an einem Ostermorgen die Augen
mit dem Wasser einer lebendigen Quelle!

Denn wenn das Glück bei uns bleiben soll,
ist es nötig, dass uns irgendwann im Leben
die Augen aufgehen:
Die Augen für das, was gilt und bleibt
und worauf sein Glück zu bauen Sinn hat.
Die Augen, die hinaussehen über die enge Welt
in die Welt der Auferstehung
und die Welt des Lebens aus Gott.

Frei liegt der Spiegel des Wassers
im Wechselspiel zwischen dem Licht von oben
und dem Widerschein aus der Tiefe.

Jesus sagt:

„Du musst wiedergeboren werden
aus dem Wasser und dem Geist.
Der schaffende Geist steht wie eine Sonne
über dem wandelbaren Element
und es entsteht das neue Geschöpf:
der Mensch, lebendig nach dem Bild Gottes.

Du musst wissen, dass du getauft bist.
Du sollst nicht bleiben, was du bist.
Gott meint mit dir mehr, als du siehst.
Du sollst, wenn alles an dir altert,
neu werden, ein Wesen aus seinem Geist."

Und das ist das siebte Geschenk,
das du aus der Erfahrung des Glücks
und der freundlichen Zusage Gottes
nehmen darfst – die Zuversicht,
mit der du hinaussiehst
über die Grenzen deines Daseins:
dass du zu Hause bist
unter dem Himmel Gottes.

Von Jörg Zink sind im Verlag Herder
in gleicher Ausstattung erschienen:

Dein Geburtstag sei ein Fest
ISBN 978-3-451-31263-2

Die leisen Kräfte sind es,
die dich tragen
ISBN 978-3-451-31334-9

Ich werde gerne alt
ISBN 978-3-451-31264-9

Ich wünsche dir Genesung
ISBN 978-3-451-31265-6

Lass dein Herz atmen
ISBN 978-3-451-34295-0

Liebe ist ein Wort aus Licht
ISBN 978-3-451-31118-5

Mehr als drei Wünsche
ISBN 978-3-451-31969-3

Trauer hat heilende Kraft
ISBN 978-3-451-31262-5

Was kommt nach dem Leben?
ISBN 978-3-451-34294-3

Neu bearbeitete Ausgabe des 1984 erstmals erschienenen Titels

www.herder.de

Gesamtgestaltung und Satz: Atelier Georg Lehmacher, Friedberg (Bay.)
Fotografie Einband: © Georg Lehmacher
Fotografien innen: Renate & Georg Lehmacher; S. 11, 28, 39: Jörg Zink
Herstellung: graspo CZ, Zlín

Gedruckt auf umweltfreundlichem, chlorfrei gebleichtem Papier

Printed in the Czech Republic

ISBN 978-3-451-31120-8